Impressum
Verlag: BABADADA GmbH, Nedderfeld 112 , 22529 Hamburg
Geschäftsführer / Verlagsleitung: Harald Hof
Druck: Books on Demand GmbH, In de Tarpen 42, 22848 Norderstedt

Imprint
Publisher: BABADADA GmbH, Nedderfeld 112 , 22529 Hamburg, Germany
Managing Director / Publishing direction: Harald Hof
Print: Books on Demand GmbH, In de Tarpen 42, 22848 Norderstedt

school

школа

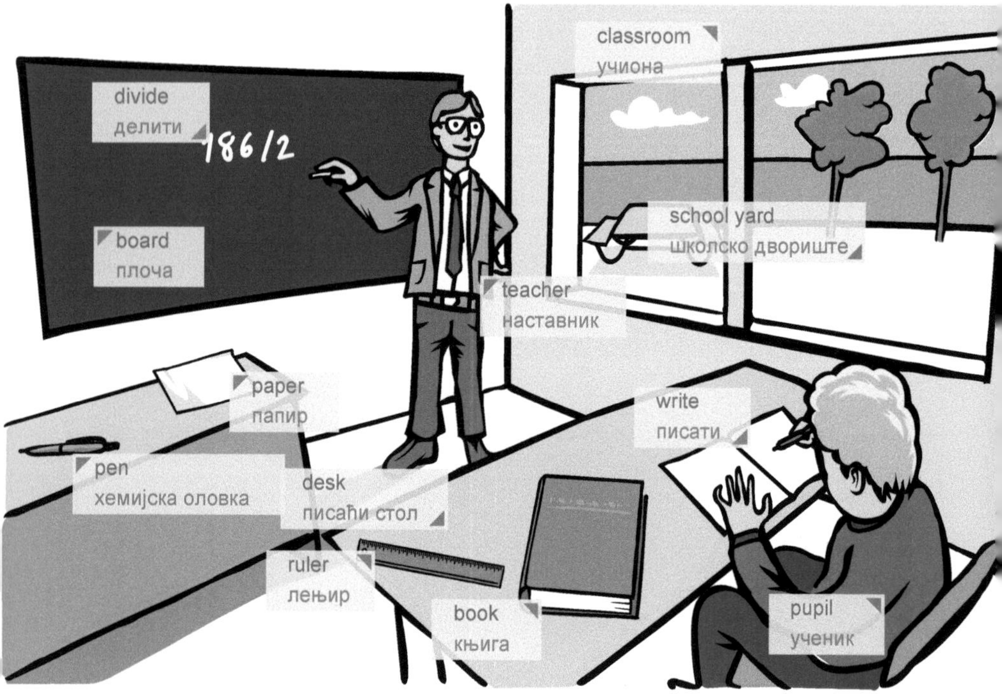
classroom
учиона
divide
делити
186/2
board
плоча
school yard
школско двориште
teacher
наставник
paper
папир
write
писати
pen
хемијска оловка
desk
писаћи стол
ruler
лењир
book
књига
pupil
ученик

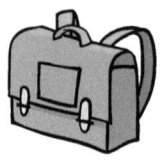

satchel

торба

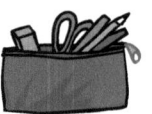

pencil case

перница

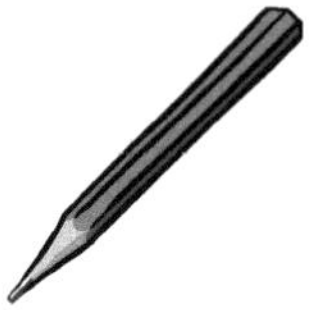

pencil

графитна оловка

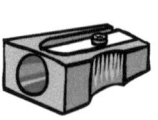

pencil sharpener

шиљило за оловке

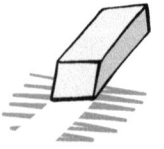

rubber

гумица за брисање

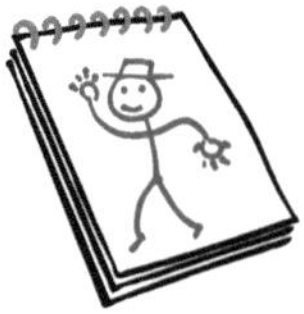

drawing pad

блок за цртање

drawing

цртеж

paintbrush

кист

paint box

кутија са бојама

scissors

маказе

glue

лепило

exercise book

бележница

homework

домаћи задатак

number

број

add

сабирати

subtract

одузимати

multiply

множити

calculate

рачунати

letter

слово

alphabet

абецеда

word

реч

text

текст

read

читати

chalk

креда

lesson

час

register

дневник

examination

испит

certificate

сведочанство

school uniform

школска униформа

education

образовање

encyclopedia

лексикон

university

универзитет

microscope

микроскоп

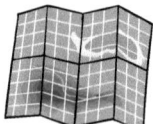

map

карта

waste-paper basket

кошара за папир

hotel
хотел

Grand

hostel
преноћиште

ROOMS

EXCHANGE

currency exchange office
мењачница

car
ауто

language

језик

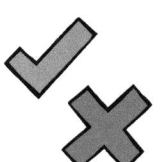

yes / no

да / не

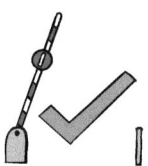

Okay

океј

hello

здраво

translator

преводилац

Thank you

хвала

how much is...?

Колико кошта...?

I don´t get it

не разумем

problem

проблем

Good evening!

добро вече!

Good morning!

Добро јутро!

Good night!

Лаку ноћ!

goodbye

довиђења

direction

смер

luggage

пртљага

bag

торба

backpack

руксак

guest

гост

room

соба

sleeping bag

врећа за спавање

tent

шатор

travel - путовање

tourist information

ристичке информације

beach

плажа

credit card

кредитна картица

breakfast

доручак

lunch

ручак

dinner

вечера

Ticket

карта за вожњу

elevator

лифт

stamp

поштанска маркица

border

граница

customs

царина

embassy

амбасада

visa

виза

passport

пасош

transport

транспорт

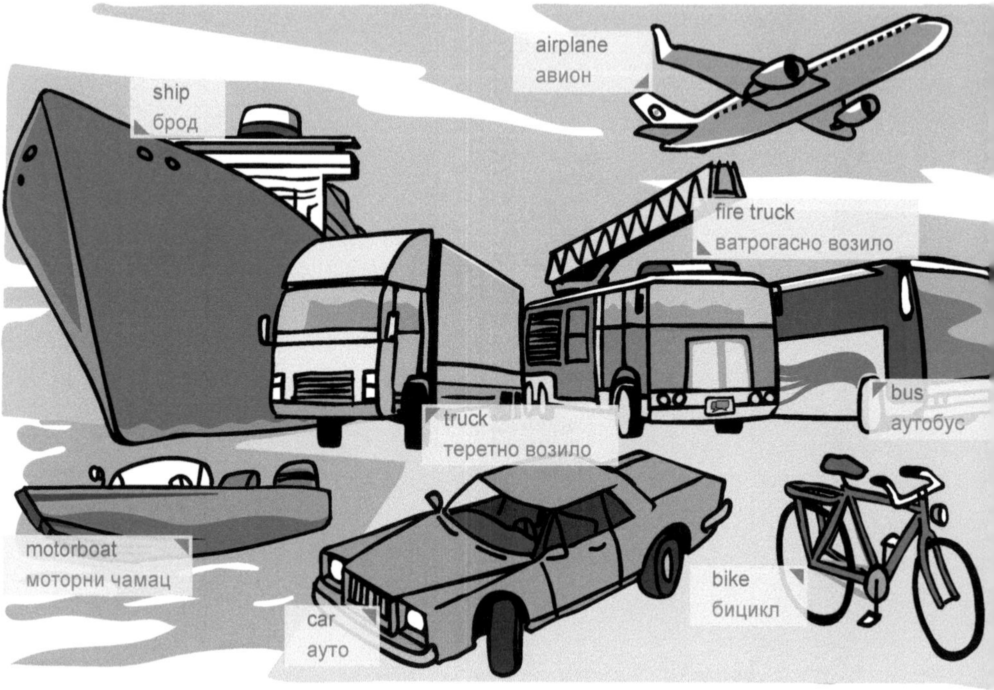

airplane
авион
ship
брод
fire truck
ватрогасно возило
bus
аутобус
truck
теретно возило
motorboat
моторни чамац
bike
бицикл
car
ауто

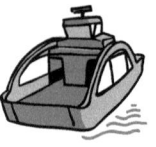

ferry
трајект

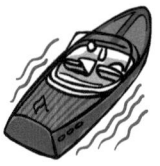

boat
чамац

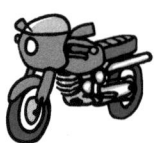

motorbike
мотоцикл

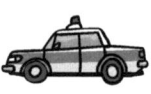

police car
полицијски ауто

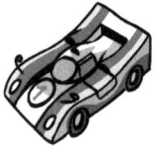

racing car
тркаћи ауто

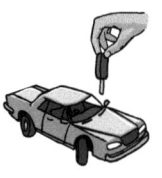

rental car
изнајмљено ауто

car sharing

дељење аутомобила

tow truck

вучно возило

garbage truck

возило за одвоз смећа

engine

мотор

fuel

бензин

fuel station

бензинска станица

traffic sign

саобраћајни знак

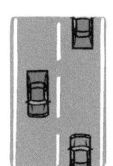

traffic

саобраћај

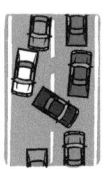

traffic jam

застој

parking lot

паркиралиште

train station

железничка станица

tracks

шине

train

воз

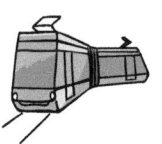

tram

трамвај

wagon

вагон

transport - транспорт

helicopter

хеликоптер

airport

аеродром

tower

кула

passenger

путник

container

контејнер

carton

картон

cart

колица

basket

корпа

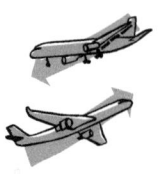

take off / land

узлетети / слетети

city

град

village

село

city center

центар града

house

кућа

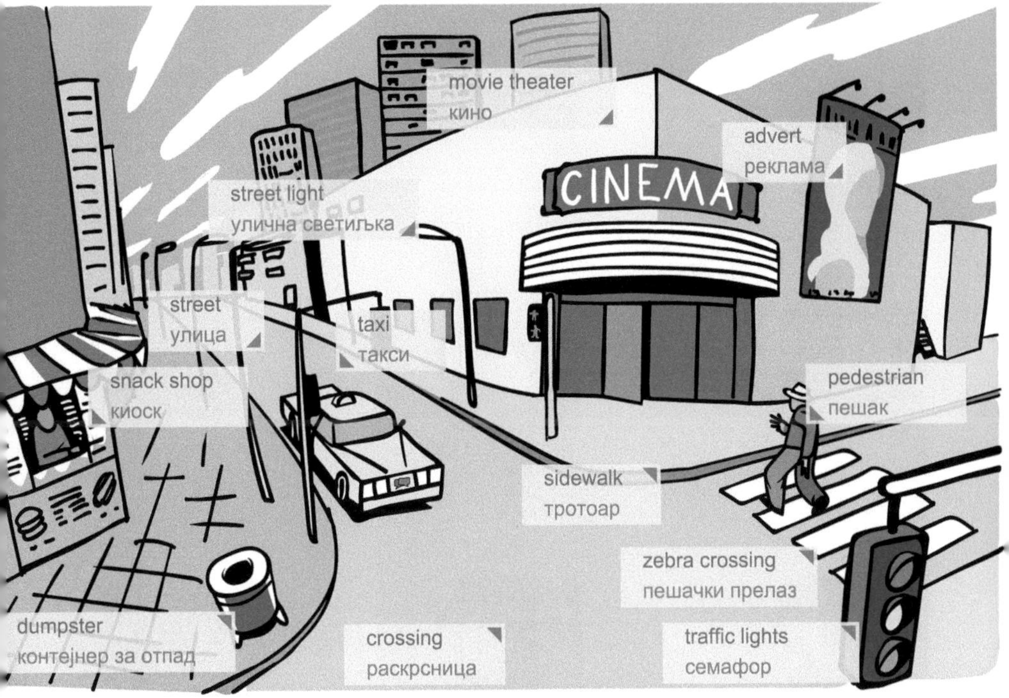

movie theater
кино

advert
реклама

street light
улична светиљка

street
улица

taxi
такси

snack shop
киоск

pedestrian
пешак

sidewalk
тротоар

zebra crossing
пешачки прелаз

dumpster
контејнер за отпад

crossing
раскрсница

traffic lights
семафор

CINEMA

hut

колиба

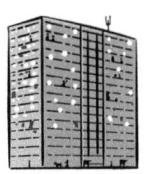

apartment

стан

train station

железничка станица

city hall

већница

museum

музеј

school

школа

university

универзитет

bank

банка

hospital

болница

hotel

хотел

pharmacy

апотека

office

канцеларија

book shop

књижара

shop

продавница

flower shop

цвећара

supermarket

супермаркет

market

трг

department store

робна кућа

fishmonger's shop

рибарница

mall

трговачки центар

harbor

лука

park

парк

bench

клупа

bridge

мост

stairs

степенице

subway

подземна железница

tunnel

тунел

bus stop

аутобуска станица

bar

бар

restaurant

ресторан

postbox

поштанско сандуче

street sign

улични знак

parking meter

паркирни аутомат

zoo

зоолошки врт

swimming pool

базен

mosque

џамија

farm

сеоско газдинство

pollution

загађење околине

cemetery

гробље

church

црква

playground

игралиште

temple

храм

landscape

пејсаж

signpost путоказ

path пут

meadow ливада

stone камен

hiker шетач

tree дрво

river река

grass трава

flower цвет

valley

долина

hill

планина

lake

језеро

forest

шума

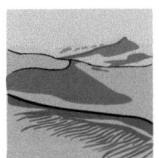

desert

пустиња

volcano

вулкан

castle

дворац

rainbow

дуга

mushroom

гљива

palm tree

палма

mosquito

москито

fly

мува

ant

мрав

bee

пчела

spider

паук

beetle

буба

frog

жаба

squirrel

веверица

hedgehog

јеж

hare

зец

owl

сова

bird

птица

swan

лабуд

boar

дивља свиња

deer

јелен

moose

лос

dam

насип

wind turbine

ветрењача

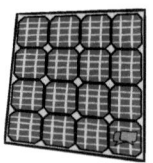

solar panel

соларна плоча

climate

клима

landscape - пејсаж

restaurant
ресторан

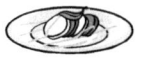

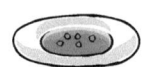

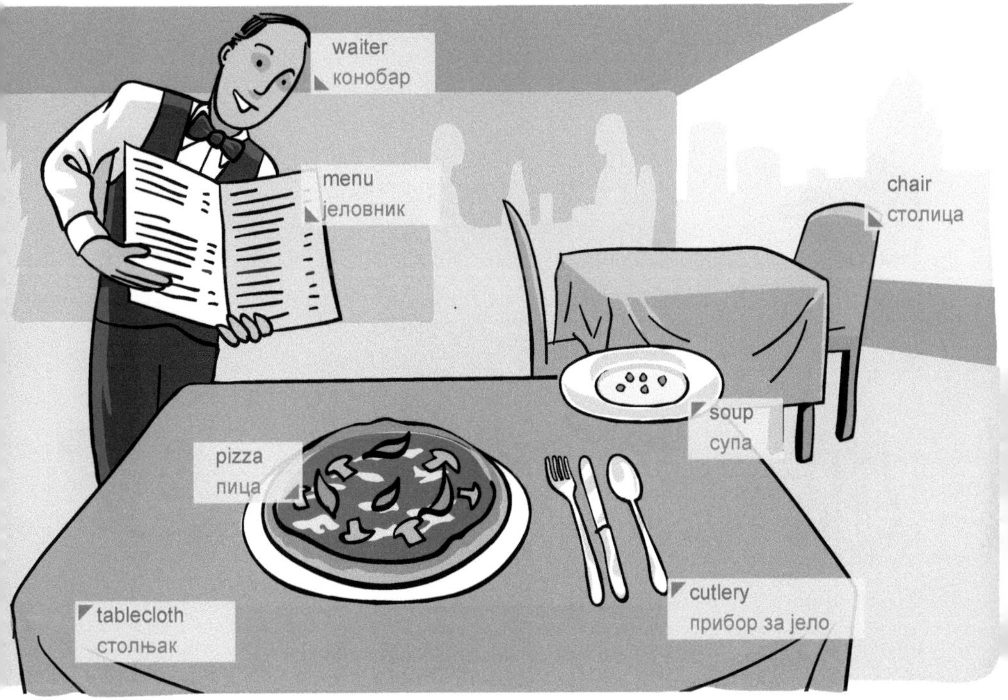
waiter
конобар
menu
јеловник
chair
столица
soup
супа
pizza
пица
cutlery
прибор за јело
tablecloth
стољњак

starter

предјело

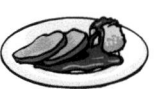

main course

главно јело

dessert

десерт

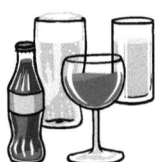

drinks

напитци

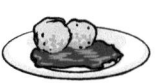

food

јело

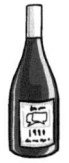

bottle

флаша

fast food

брза храна

street food

имбис храна

teapot

чајник

sugar bowl

доза за шећер

portion

порција

espresso machine

апарат за еспресо

high chair

висока столица

bill

рачун

tray

послужавник

knife

нож

fork

виљушка

spoon

кашика

teaspoon

чајна кашика

serviette

салвета

glass

чаша

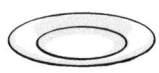

plate

тањир

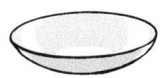

soup plate

тањир за супу

saucer

тањирић

sauce

сос

salt shaker

сољенка

pepper mill

млин за бибер

vinegar

сирће

oil

уље

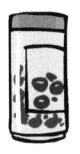

spices

зачини

ketchup

кечап

mustard

сенф

mayonnaise

мајонеза

supermarket

супермаркет

special offer
понуда
FOR
customer
купац
dairy products
млечни производи
fruit
воће
shopping cart
колица за куповину

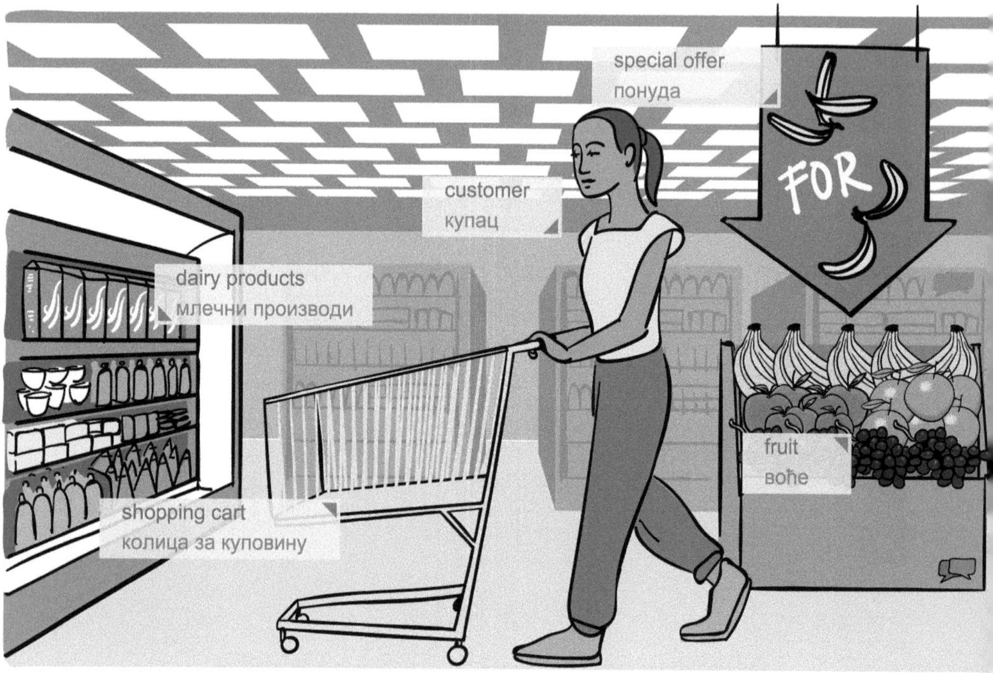

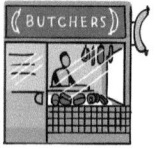

butcher's shop

месница

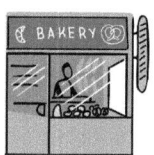

bakery

пекара

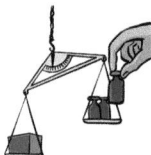

weigh

вагати

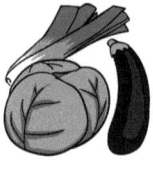

vegetables

поврће

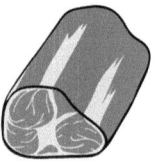

meat

месо

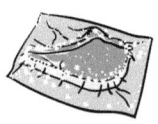

frozen food

смрзнута храна

cold cuts
....
нарезак

canned food
....
конзерве

detergent
....
средство за прање

candy
....
слаткиши

household products
....
артикли за домаћинство

cleaning products
....
средства за чишћење

sales representative
....
продавачица

cash register
....
благајна

cashier
....
благајник

shopping list
....
листа за куповину

opening hours
....
време рада

wallet
....
новчаник

credit card
....
кредитна картица

bag
....
торба

plastic bag
....
пластична кеса

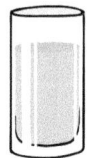

water

вода

juice

сок

milk

млеко

coke

кола

wine

вино

beer

пиво

alcohol

алкохол

cocoa

какао

tea

чај

coffee

кава

espresso

еспресо

cappuccino

капућино

banana

банана

apple

јабука

orange

наранџа

melon

лубеница

lemon

лимун

carrot

шаргарепа

garlic

бели лук

bamboo

бамбус

onion

лук

mushroom

гљива

nuts

орашасти плодови

noodles

резанци

spaghetti

шпагете

rice

рижа

salad

салата

fries

помфрит

fried potatoes

печени крумпир

pizza

пица

hamburger

хамбургер

sandwich

сендвич

escalope

шницла

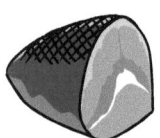

ham

шунка

salami

салама

sausage

кобасица

chicken

кокош

roast

печење

fish

риба

food - jело

porridge oats

зобене пахуљице

muesli

мусли

cornflakes

кукурузне пахуљице

flour

брашно

croissant

кроасан

bread roll

пециво

bread

хлеб

toast

тоаст

cookies

кекси

butter

маслац

curd

свежи сир

cake

колач

egg

јаје

fried egg

јаје на око

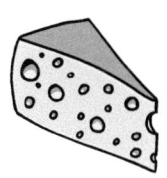

cheese

сир

ice cream

сладолед

sugar

шећер

honey

мед

jelly

мармелада

nougat cream

нугат крема

curry

кари

сеоско газдинство

goat

коза

cow

крава

calf

теле

pig

свиња

piglet

прасе

bull

бик

goose

гуска

duck

патка

chick

пилићи

hen

кокош

cockerel

петао

rat

пацов

cat

мачка

mouse

миш

ox

вол

dog

пас

dog house

кућица за пса

garden hose

вртно црево

watering can

канта за поливање

scythe

коса

plow

плуг

sickle

срп

hoe

мотика

pitchfork

виљушка за ђубриво

axe

секира

pushcart

тачке

trough

корито

milk can

посуда за млеко

sack

врећа

fence

ограда

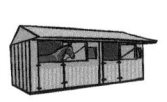

stable

штала

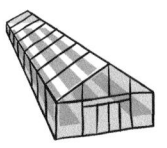

greenhouse

стакленик

soil

земља

seed

семе

fertilizer

ђубриво

combine harvester

комбајн

harvest

жети

harvest

жетва

yams

јамс зачин

wheat

пшеница

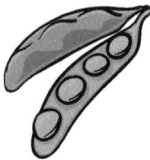

soya

соја

potato

кромпир

corn

кукуруз

rapeseed

уљана репица

fruit tree

воћка

manioc

гомољ маниоке

grain

житарице

farm - сеоско газдинство

house

кућа

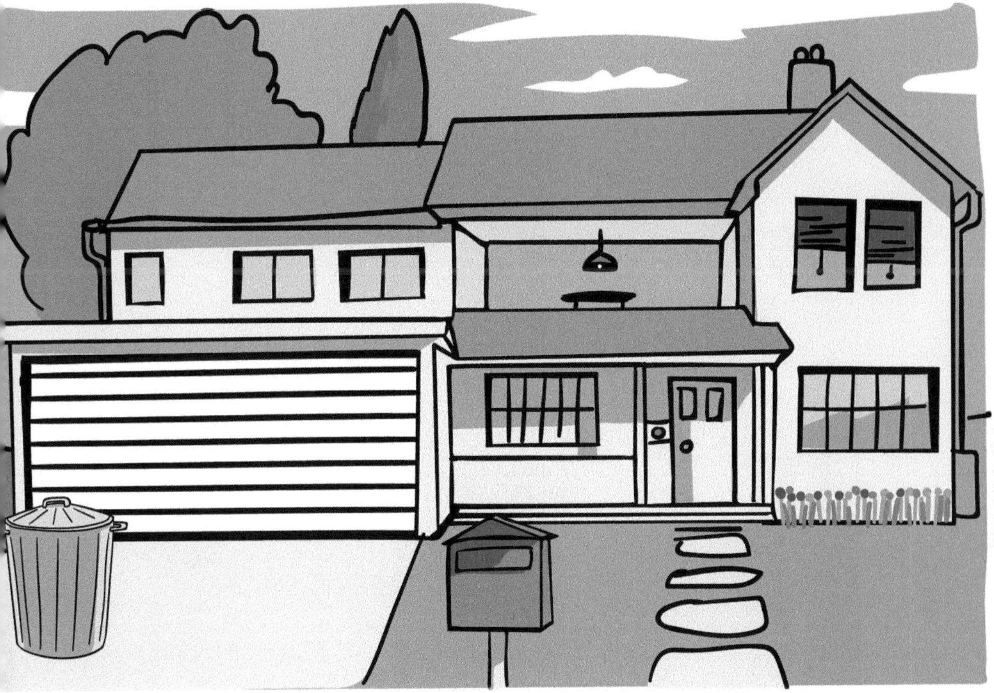

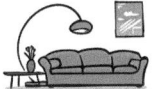

living room

дневна соба

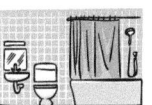

bathroom

купаоница

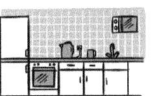

kitchen

кухиња

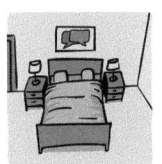

bedroom

спаваћа соба

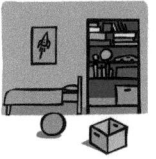

kids room

дечија соба

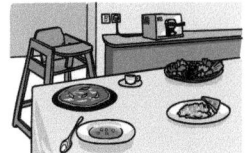

dining room

трпезарија

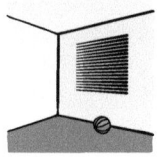

floor

под

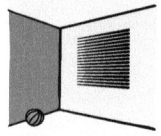

wall

зид

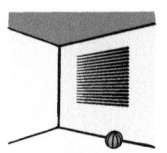

ceiling

строп

cellar

подрум

sauna

сауна

balcony

балкон

terrace

тераса

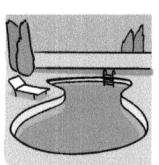

pool

базен

lawn mower

косилица за траву

sheet

постељина за кревет

bedspread

дека за кревет

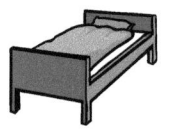

bed

кревет

broom

метла

bucket

канта

switch

прекидач

living room
дневна соба

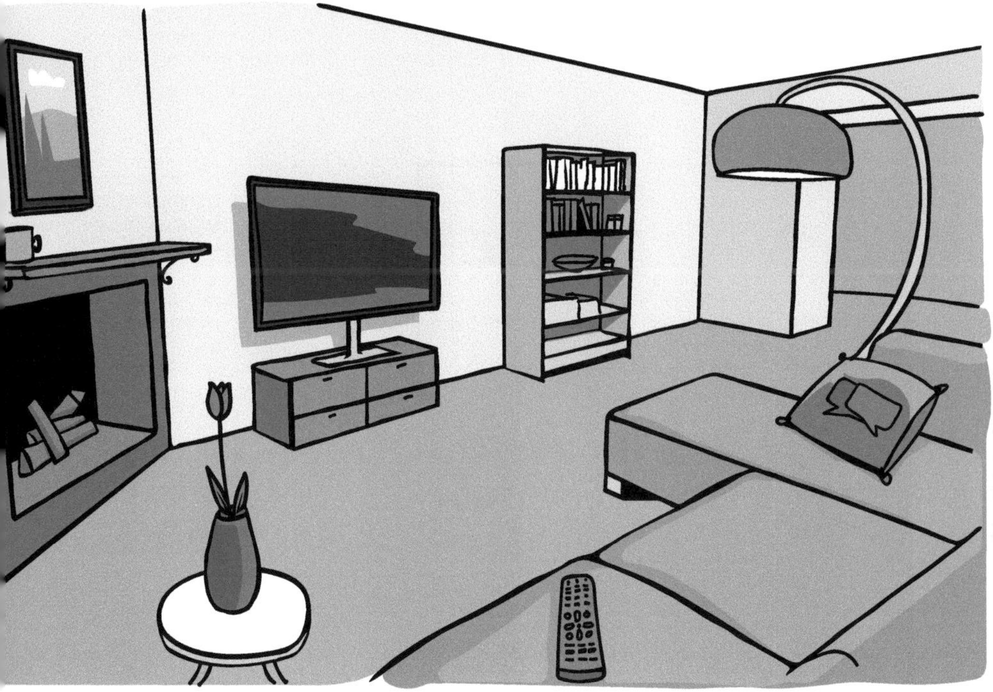

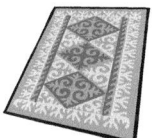

carpet

тепих

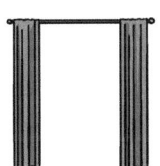

drape

завеса

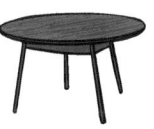

table

сто

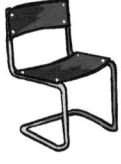

chair

столица

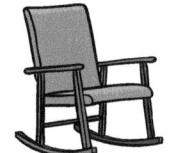

rocking chair

столица за њихање

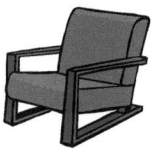

armchair

фотеља

book

књига

blanket

дека

decoration

декорација

firewood

дрво за огрев

film

филм

stereo system

хи-фи уређај

key

кључ

newspaper

новине

painting

слика на платну

poster

постер

radio

радио

notebook

блок за писање

vacuum cleaner

усисивач

cactus

кактус

candle

свећа

kitchen
кухиња

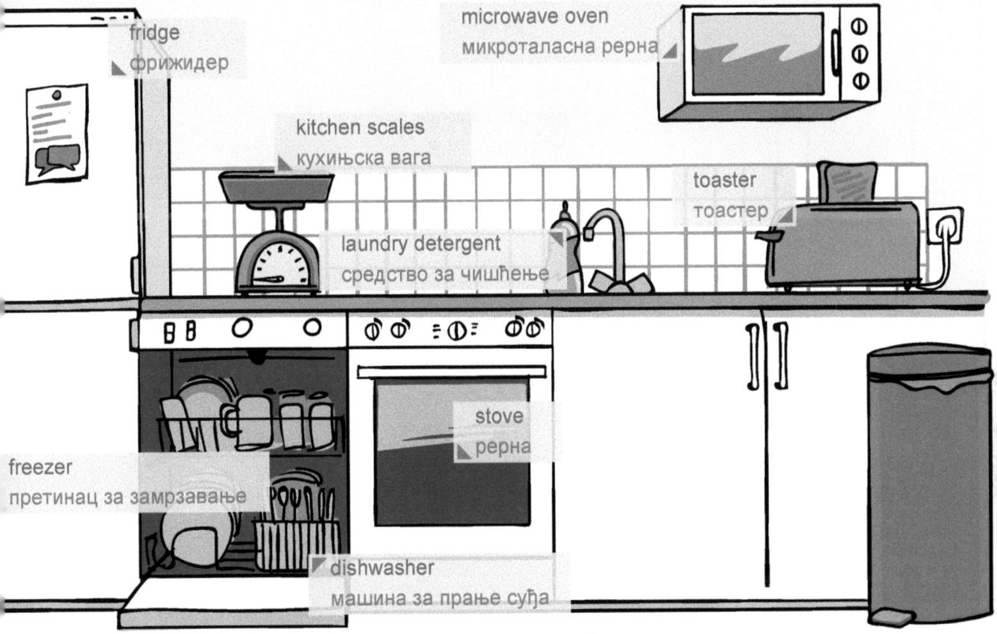
fridge
фрижидер
microwave oven
микроталасна рерна
kitchen scales
кухињска вага
toaster
тоастер
laundry detergent
средство за чишћење
stove
рерна
freezer
претинац за замрзавање
dishwasher
машина за прање суђа

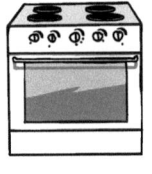

cooker

шпорет

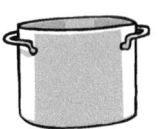

pot

лонац

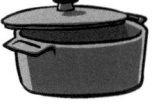

cast-iron pot

гвоздени лонац

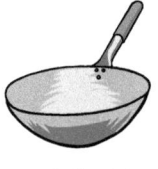

wok / kadai

вок / кадаи

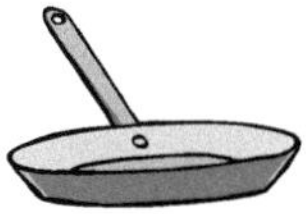

pan

тава

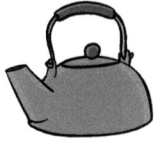

kettle

кувало за воду

steamer

кувало на пару

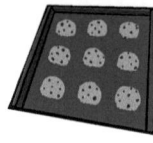

baking tray

лим за печење

crockery

посуђе

mug

чаша

bowl

посуда

chopsticks

штапићи за јело

ladle

кутлача

spatula

лопатица

whisk

пењача

strainer

сито за кување

sieve

сито

grater

рибеж

mortar

мужар

barbecue

роштиљ

fireplace

огњиште

chopping board

даска

rolling pin

оклагија

corkscrew

вадичеп

can

конзерва

can opener

отварач конзерви

oven cloth

крпа за лонац

sink

судопер

brush

четка

sponge

сунђер

blender

миксер

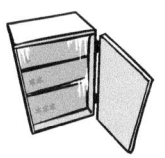

deep freezer

замрзивач

baby bottle

флашица за бебе

tap

славина за воду

bathroom

купаоница

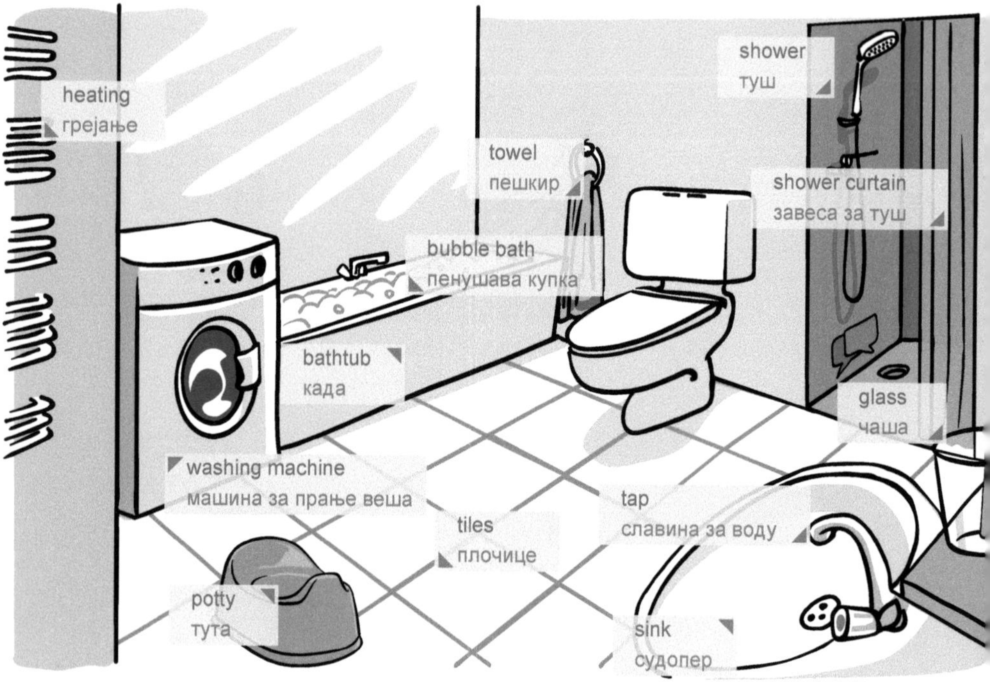

heating
грејање
shower
туш
towel
пешкир
shower curtain
завеса за туш
bubble bath
пенушава купка
bathtub
када
glass
чаша
washing machine
машина за прање веша
tap
славина за воду
tiles
плочице
potty
тута
sink
судопер

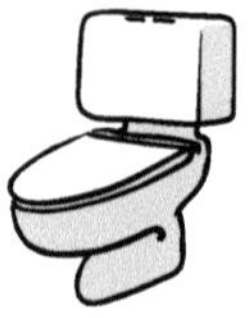

toilet

тоалет

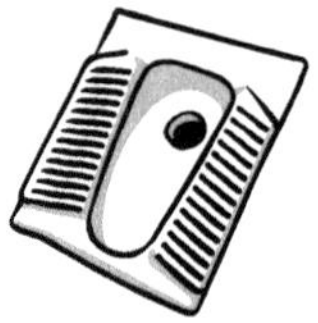

squat toilet

чучавац

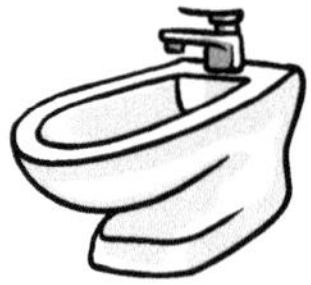

bidet

бидет

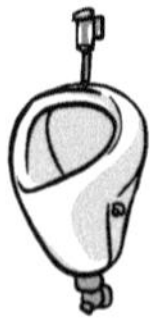

urinal

писоар

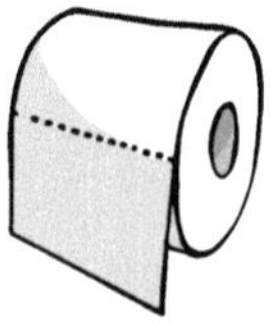

toilet paper

тоалетни папир

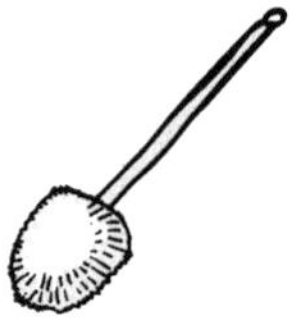

toilet brush

четка за тоалет

toothbrush

четкица за зубе

toothpaste

паста за зубе

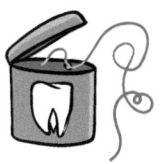

dental floss

конац за зубе

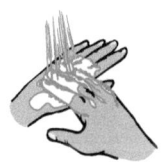

wash

прати

hand shower

туш ручица

douche

туш за прање интимних делова

basin

лавор

back brush

четка за прање леђа

soap

сапун

shower gel

гел за туширање

shampoo

шампон

flannel

крпа за прање

drain

одвод

creme

крема

deodorant

дезодоранс

mirror

огледало

hand mirror

козметичко огледало

razor

бријач

shaving foam

пена за бријање

aftershave

лосион за после бријања

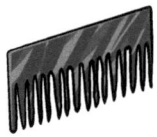

comb

чешаљ

brush

четка

hair-dryer

фен за косу

hairspray

спреј за косу

makeup

шминка

lipstick

руж за усне

nail varnish

лак за нокте

cotton wool

вата

nail scissors

маказе за нокте

perfume

парфем

bathroom - купаоница

washbag

козметичка торбица

stool

столица

weighing scales

вага

bathrobe

огртач

rubber gloves

рукавице за чишћење

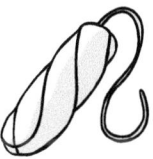

tampon

тампон

sanitary towel

уложак

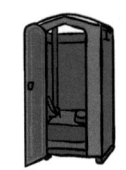

chemical toilet

хемијски тоалет

kids room

дечија соба

alarm clock
будилник
cuddly toy
плишана играчка
toy car
ауто играчка
rattle
звечка
doll's house
кућица за лутке
present
поклон

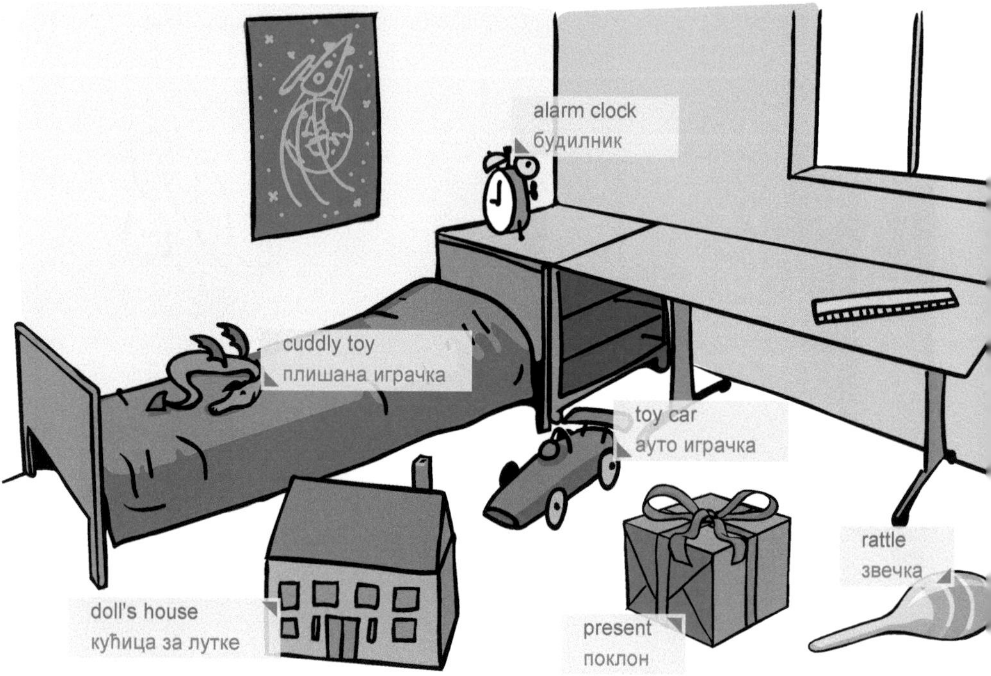

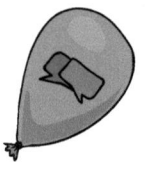

balloon

балон

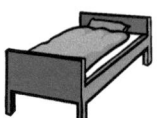

bed

кревет

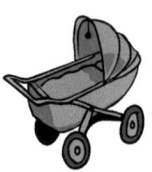

stroller

дјечија колица

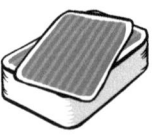

deck of cards

игра са картама

jigsaw

слагалица

SUPER
MEGA

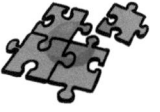

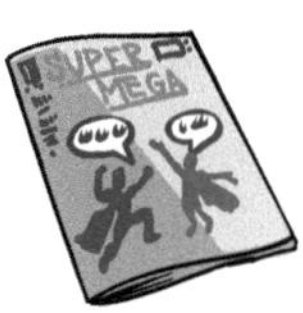

comic

стрип

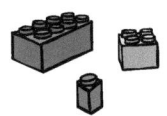

lego bricks

лего коцкице

toy blocks

коцкице за слагање

action figure

акциони јунак

romper suit

бенкица за бебе

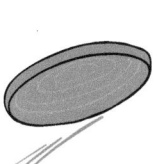

frisbee

фризби

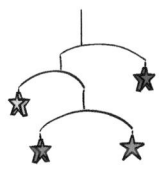

mobile

висеће играчке

board game

друштвене игре

dice

коцка

model train set

минијатурна жељезница

pacifier

дуда

party

забава

picture book

сликовница

ball

лопта

doll

лутка

play

играти

sandpit

пешчаник

swing

љуљачка

toys

играчка

video game console

конзола за игре

tricycle

трицикл

teddy bear

теди

wardrobe

ормар

clothing

одећа

socks

кратке чарапе

stockings

чарапе

tights

хулахопке

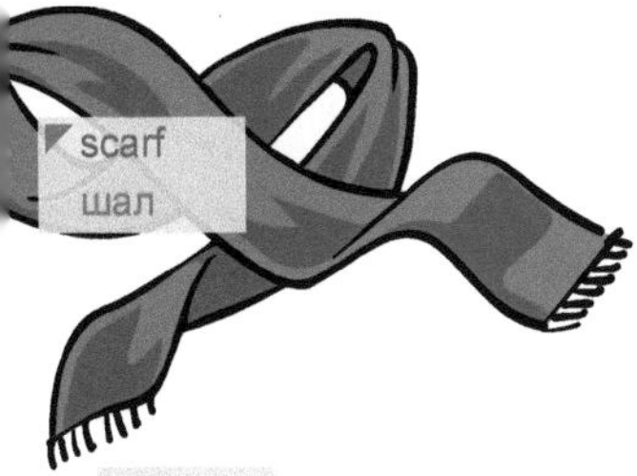

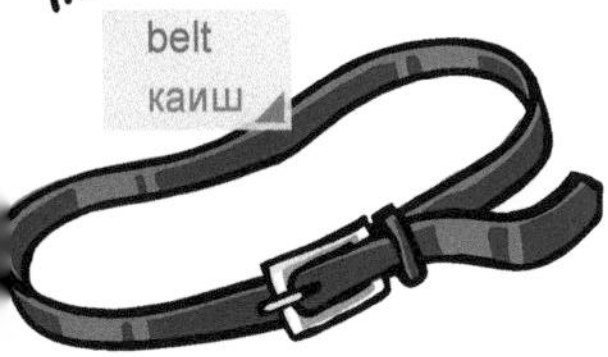

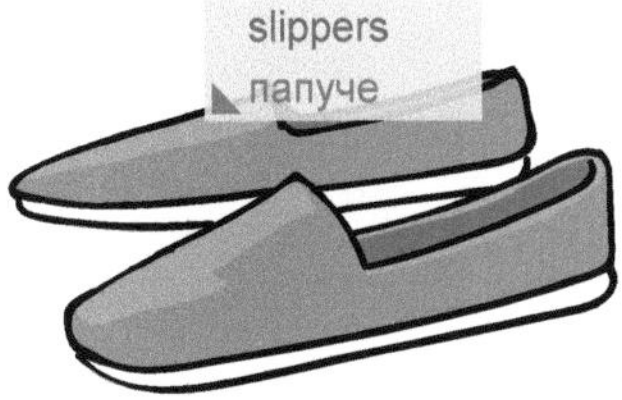

scarf
шал

umbrella
кишобран

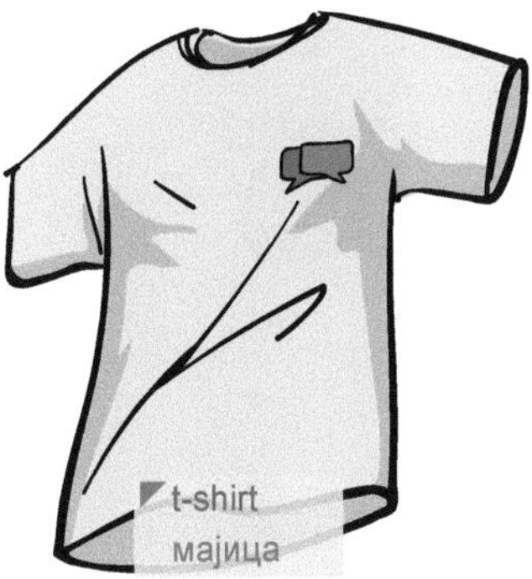

belt
каиш

t-shirt
мајица

boots
чизме

slippers
папуче

sneakers
патике

sandals
....
сандале

shoes
....
ципеле

rubber boots
....
гумене чизме

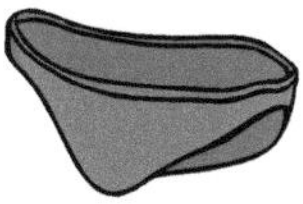

underwear
....
гаћице

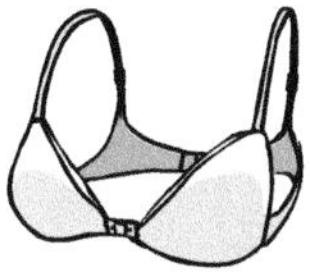

bra
....
грудњак

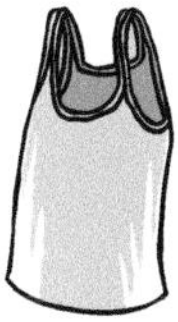

undershirt
....
поткошуља

body

боди

pants

панталоне

jeans

фармерке

skirt

сукња

blouse

блуза

shirt

кошуља

pullover

џемпер

sweater

џемпер с капуљачом

blazer

сако

jacket

јакна

coat

мантил

raincoat

кабаница

costume

костим

dress

хаљина

wedding dress

венчаница

suit

одело

nightgown

спаваћица

pajamas

пиџама

sari

сари

headscarf

марама за главу

turban

турбан

burka

бурка

kaftan

кафтан

abaya

абаја

swimsuit

купаћи костим

trunks

купаће гаћице

shorts

кратке панталоне

tracksuit

одећа за тренинг

apron

кецеља

gloves

рукавице

button

дугме

glasses

наочаре

bracelet

наруквица

necklace

огрлица

ring

прстен

earring

наушница

cap

капа

coat hanger

вешалица

hat

шешир

tie

краватa

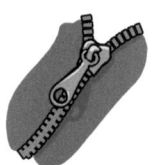

zip

патент затварач

helmet

кацига

braces

нараменице

school uniform

школска униформа

uniform

униформа

bib

подбрадак

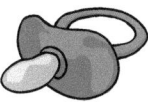

pacifier

дуда

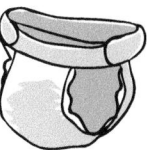

diaper

пелена

office

канцеларија

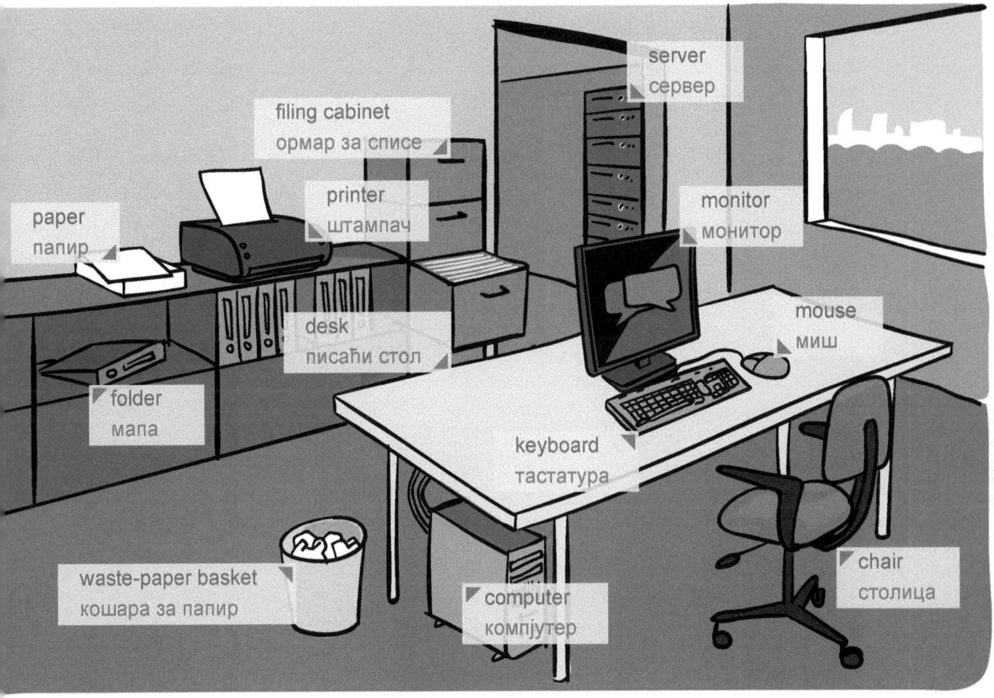

server
сервер

filing cabinet
ормар за списе

printer
штампач

paper
папир

monitor
монитор

desk
писаћи сто

mouse
миш

folder
мапа

keyboard
тастатура

waste-paper basket
кошара за папир

chair
столица

computer
компјутер

coffee mug

шалица за каву

calculator

калкулатор

internet

интернет

laptop

лаптоп

letter

писмо

message

порука

cell phone

мобилни телефон

network

мрежа

photocopier

уређај за копирање

software

софтвер

telephone

телефон

plug socket

утичница

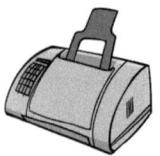

fax machine

факс

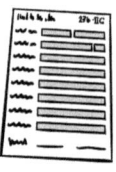

form

формулар

document

документ

buy

куповати

pay

платити

trade

трговати

money

новац

 USD

dollar

долар

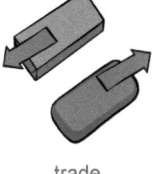 EUR

euro

евро

 JPY

yen

јен

 RUB

rouble

рубља

 CHF

Swiss franc

швајцарски франак

 CNY

renminbi yuan

ренминдби јуан

 INR

rupee

рупија

cash point

аутомат за новац

currency exchange office

мењачница

gold

злато

silver

сребро

oil

нафта

energy

енергија

price

цена

contract

уговор

tax

порез

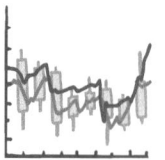

stock

деонице

work

радити

employee

службеник

employer

послодавац

factory

фабрика

shop

продавница

occupations

занимања

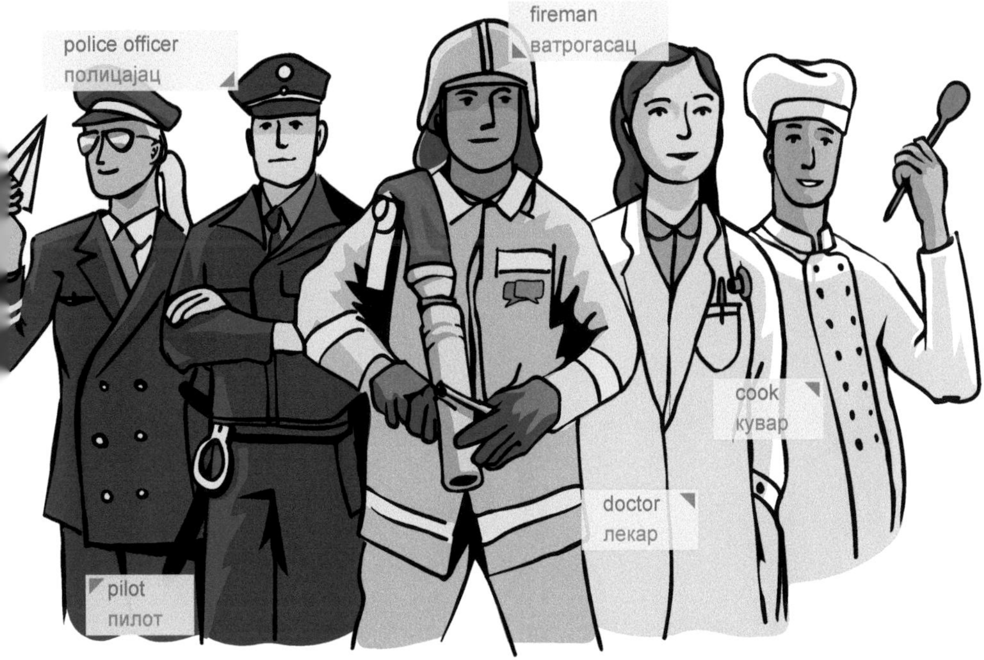
police officer
полицајац
fireman
ватрогасац
cook
кувар
doctor
лекар
pilot
пилот

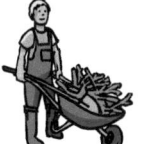

gardener

вртлар

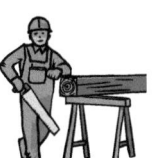

carpenter

столар

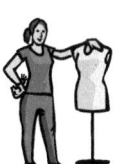

seamstress

кројачица

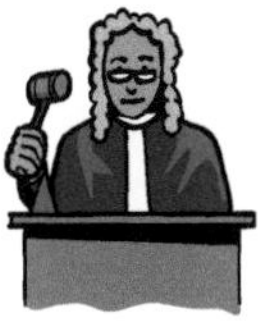

judge

судија

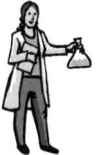

chemist

хемичар

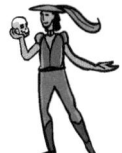

actor

глумац

bus driver

возач аутобуса

taxi driver

возач таксија

fisherman

рибар

cleaning lady

чистачица

roofer

кровопокривач

waiter

конобар

hunter

ловац

painter

сликар

baker

пекар

electrician

електричар

builder

грађевински радник

engineer

инжењер

butcher

месар

plumber

лимар

postman

поштар

soldier

војник

architect

архитекта

cashier

благајник

florist

цвећар

hairdresser

фризер

conductor

кондуктер

mechanic

механичар

captain

капетан

dentist

зубар

scientist

научник

rabbi

раби

imam

имам

monk

монах

pastor

свећеник

tools

алати

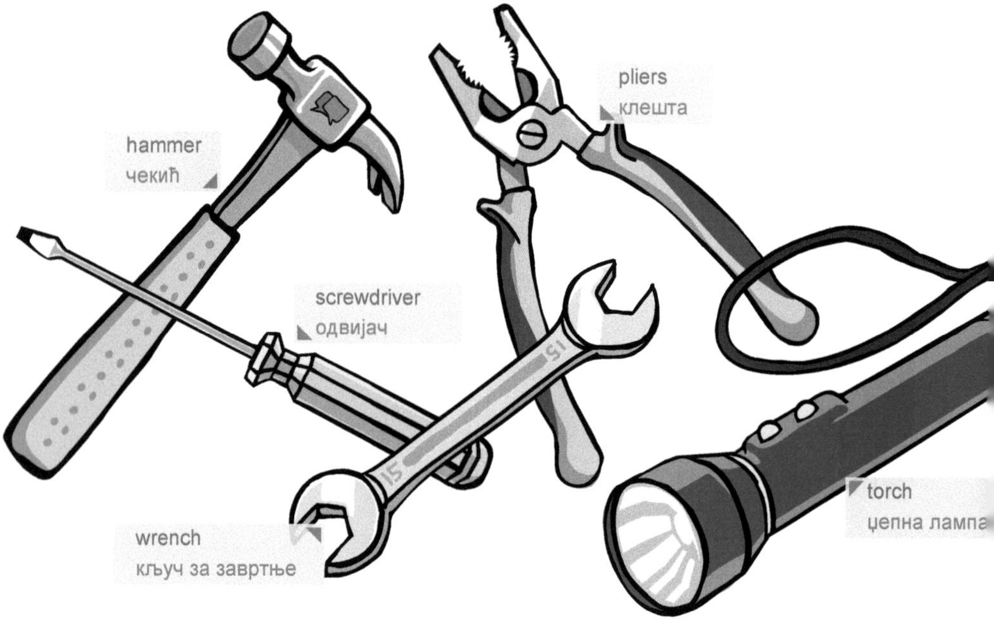
pliers
клешта
hammer
чекић
screwdriver
одвијач
torch
џепна лампа
wrench
кључ за завртње

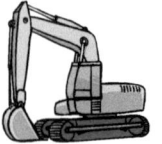

excavator

багер

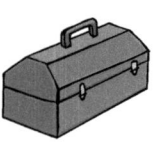

toolbox

кутија за алат

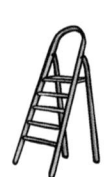

ladder

мердевине

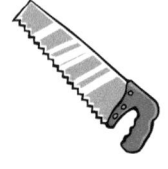

saw

пила

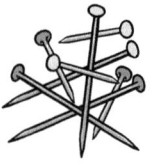

nails

ексер

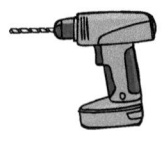

drill

бушилица

repair
поправити

shovel
лопата

Damn!
до ђавола!

dustpan
лопатица

paint can
лонац за бoju

screws
завртањи

musical instruments

музички инструмент

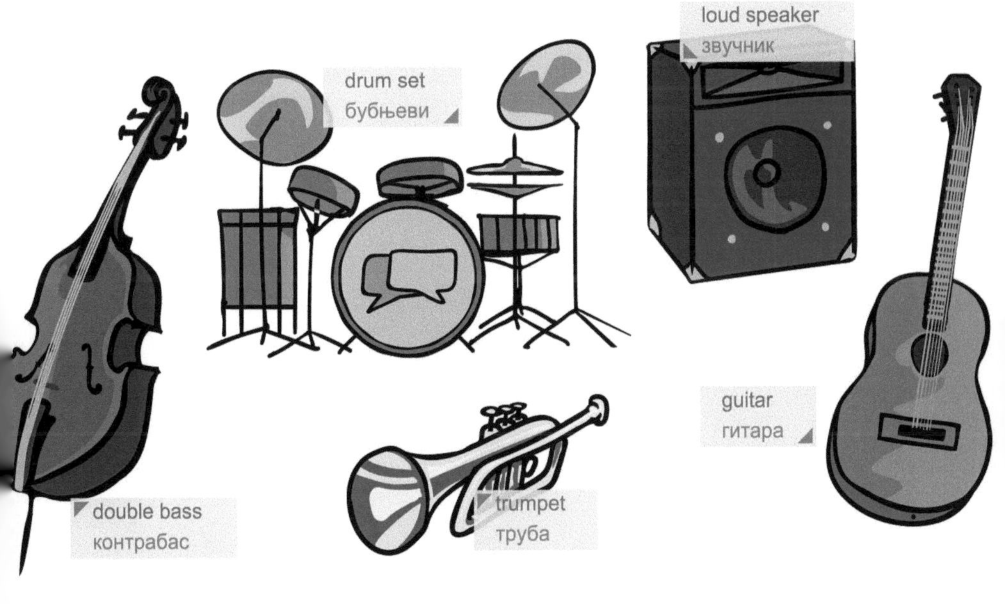

loud speaker
звучник

drum set
бубњеви

guitar
гитара

double bass
контрабас

trumpet
труба

piano

клавир

violin

виолина

bass

бас

timpani

тимпани

drums

удараљке за бубњеве

keyboard

типке клавира

saxophone

саксофон

flute

флаута

microphone

микрофон

musical instruments - музички инструмент

entrance
улаз

tiger
тигар

cage
кавез

zebra
зебра

animal feed
храна за животиње

panda
панда

animals

животиње

elephant

слон

kangaroo

кенгур

rhino

носорог

gorilla

горила

bear

медвед

camel

камила

ostrich

нoj

lion

лав

monkey

мајмун

flamingo

фламинго

parrot

папагај

polar bear

поларни медвед

penguin

пингвин

shark

ајкула

peacock

паун

snake

змија

crocodile

крокодил

zookeeper

чувар у зоолошком врту

seal

туљан

jaguar

јагуар

zoo - зоолошки врт

pony

пони

leopard

леопард

hippo

нилски коњ

giraffe

жирафа

eagle

орао

boar

дивља свиња

fish

риба

turtle

корњача

walrus

морж

fox

лисица

gazelle

газела

American football
амерички ногомет

cycling
бициклизам

tennis
тенис

basketball
кошарка

swimming
пливање

boxing
бокс

ice hockey
хокеј на леду

soccer
фудбал

badminton
бадминтон

athletics
атлетика

handball
рукомет

skiing
скијање

polo
поло

activities

активности

laugh
смејати се
jump
скочити
hug
загрлити
walk
ићи
sing
певати
dream
сањати
pray
молити се
kiss
пољубити

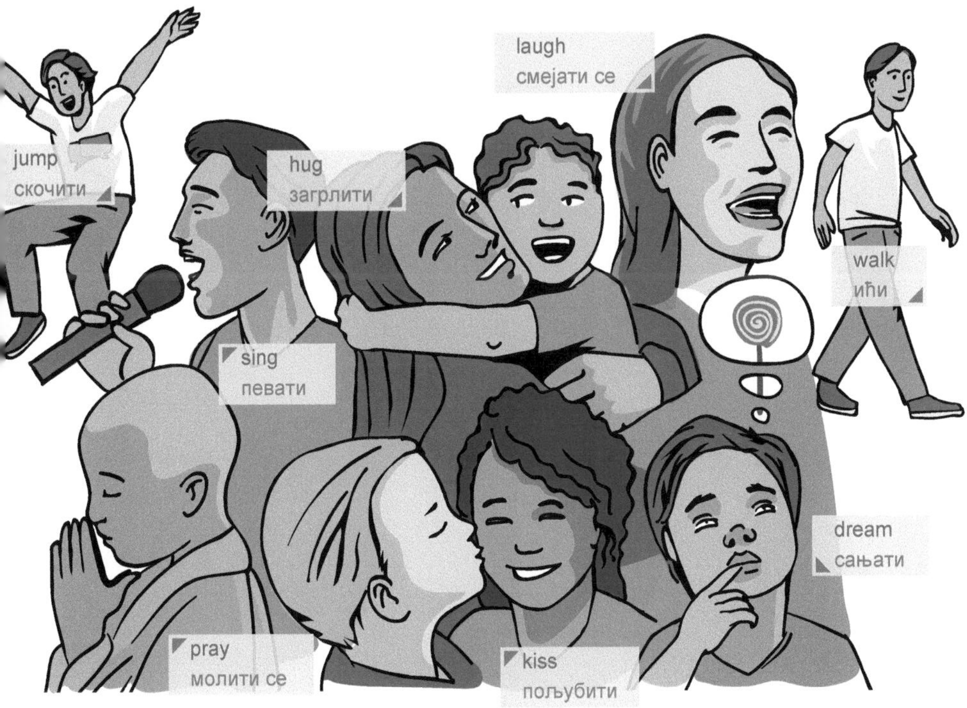

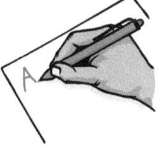

write

писати

draw

цртати

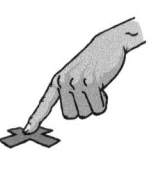

show

показати

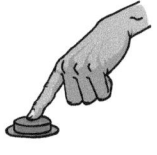

push

гурати

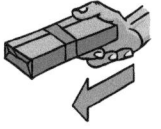

give

дати

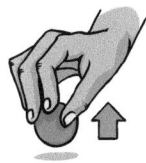

take

узети

have

имати

do

чинити

be

бити

stand

стојати

run

трчати

pull

повлачити

throw

бацити

fall

падати

lie

лежати

wait

чекати

carry

носити

sit

седити

get dressed

облачити

sleep

спавати

wake up

пробудити се

look at

гледати

cry

плакати

stroke

миловати

comb

чешљати

talk

говорити

understand

разумети

ask

питати

listen

слушати

drink

пити

eat

јести

tidy up

поспремити

love

волети

cook

кухати

drive

возити

fly

летети

sail

пловити

calculate

рачунати

read

читати

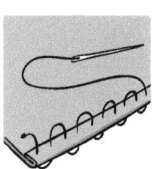

learn

учити

work

радити

marry

венчати се

sew

шити

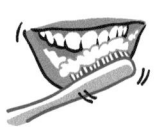

brush teeth

прати зубе

kill

убити

smoke

пушити

send

послати

grandmother
бака

grandfather
деда

father
отац

mother
мајка

baby
беба

daughter
кћерка

son
син

guest

гост

aunt

тетка

uncle

ујак, стриц

brother

брат

sister

сестра

family - породица

body

тело

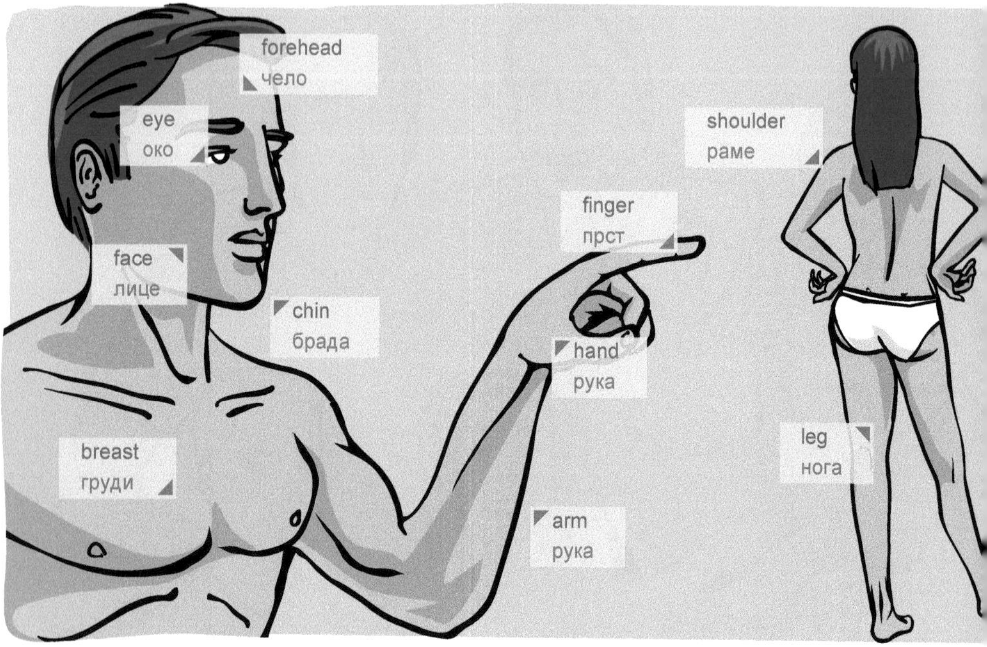

forehead
чело

eye
око

shoulder
раме

finger
прст

face
лице

chin
брада

hand
рука

breast
груди

leg
нога

arm
рука

baby

беба

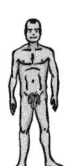

man

мушкарац

woman

жена

girl

девојчица

boy

дечак

head

глава

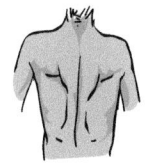

back
леђа

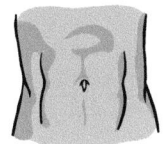

belly
стомак

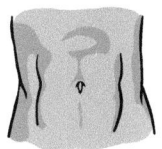

navel
пупак

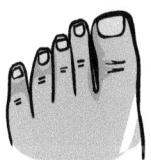

toe
ножни прст

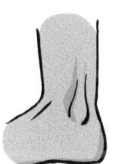

heel
пета

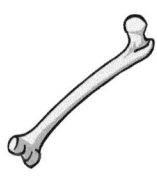

bone
кост

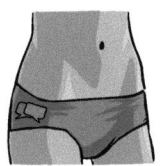

hip
кукови

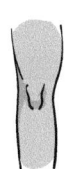

knee
колено

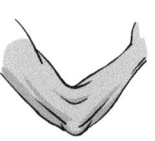

elbow
лакат

nose
нос

buttocks
задњица

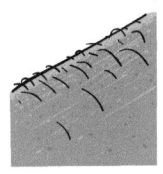

skin
кожа

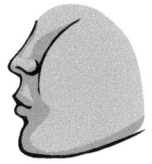

cheek
образ

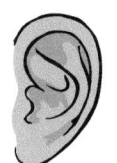

ear
уво

lip
усна

body - тело

mouth

уста

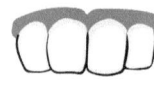

tooth

зуб

tongue

језик

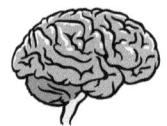

brain

мозак

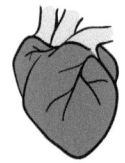

heart

срце

muscle

мишић

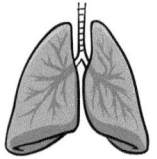

lung

плућа

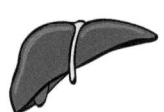

liver

јетра

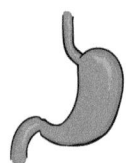

stomach

желудац

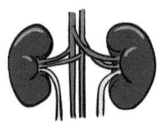

kidneys

бубрези

sex

полни однос

condom

кондом

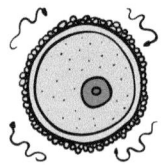

ovum

јајна ћелија

semen

сперма

pregnancy

трудноћа

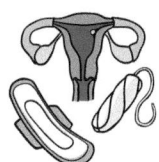

menstruation

менструација

vagina

вагина

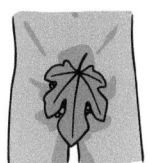

penis

пенис

eyebrow

обрва

hair

коса

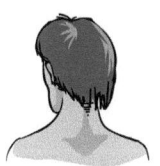

neck

врат

hospital
болница

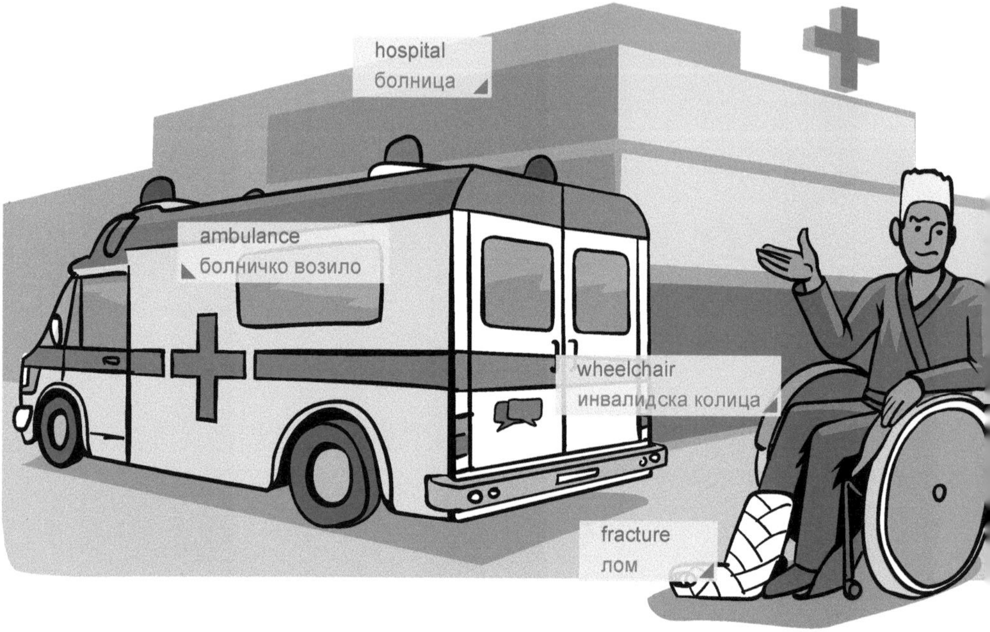

hospital
болница
ambulance
болничко возило
wheelchair
инвалидска колица
fracture
лом

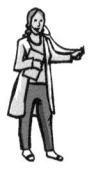

doctor

лекар

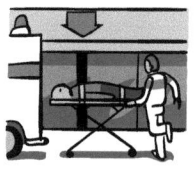

emergency room

хитна медицинска служба

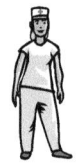

nurse

медицинска сестра

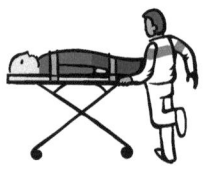

emergency

хитни случај

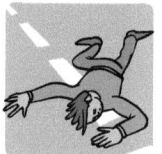

unconscious

несвест

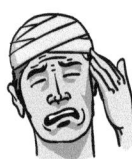

pain

бол

injury

повреда

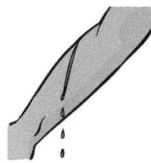

bleeding

крварење

heart attack

срчани удар

stroke

удар

allergy

алергија

cough

кашаљ

fever

грозница

flu

грипа

diarrhea

пролив

headache

главобоља

cancer

рак

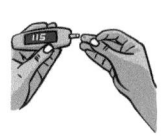

diabetes

дијабетес

surgeon

хирург

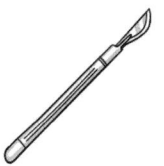

scalpel

скалпел

operation

операција

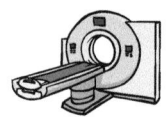

CT

цт

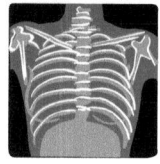

x-ray

рентген

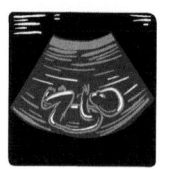

ultrasound

ултразвук

face mask

маска

disease

болест

waiting room

чекаона

crutch

штака

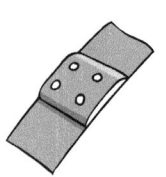

plaster

фластер

bandage

завој

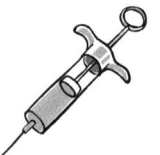

injection

ињекција

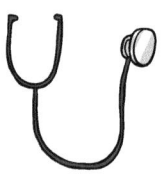

stethoscope

стетоскоп

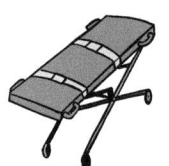

stretcher

носила

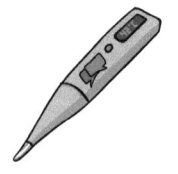

clinical thermometer

термометар

birth

рођење

overweight

прекомерна тежина

hearing aid

слушни апарат

disinfectant

средство за дезинфекцију

infection

инфекција

virus

вирус

HIV / AIDS

хив / аидс

medicine

медицина

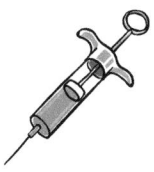

vaccination

вакцинација

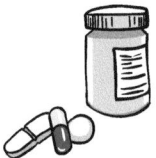

tablets

таблете

pill

пилула

emergency call

хитни позив

blood pressure monitor

уређај за мерење притиска

ill / healthy

болесно / здраво

Help!

помоћ!

alarm

аларм

assault

насртај

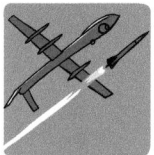

attack

напад

danger

опасност

emergency exit

излаз у случају нужде

Fire!

пожар!

fire extinguisher

противпожарни апарат

accident

незгода

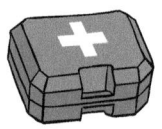

first-aid kit

кутија прве помоћи

SOS

сос

police

полиција

Europe

Европа

North America

Северна Америка

South America

Јужна Америка

Africa

Африка

Asia

Азија

Australia

Аустралија

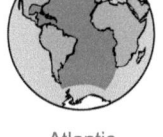

Atlantic

Атлантик

Pacific

Пацифик

Indian Ocean

Индијски океан

Antarctic Ocean

Антарктички океан

Arctic Ocean

Арктички океан

North pole

Северни рол

South pole

Јужни рол

Antarctica

Антарктик

earth

земља

land

земља

sea

море

island

оток

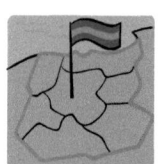

nation

нација

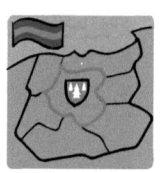

state

држава

clock face

бројчаник сата

hour hand

сатна казаљка

minute hand

минутна казаљка

second hand

секундна казаљка

What time is it?

Колико је сати?

day

дан

time

време

now

сада

digital watch

дигитални сат

minute

минута

hour

час

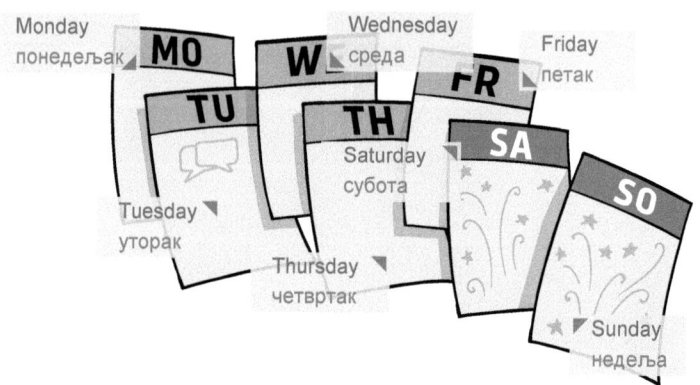

Monday
понедељак

Wednesday
среда

Friday
петак

Tuesday
уторак

Saturday
субота

Thursday
четвртак

Sunday
недеља

yesterday

јуче

today

данас

tomorrow

сутра

morning

јутро

noon

подне

evening

вече

workdays

радни дани

weekend

викенд

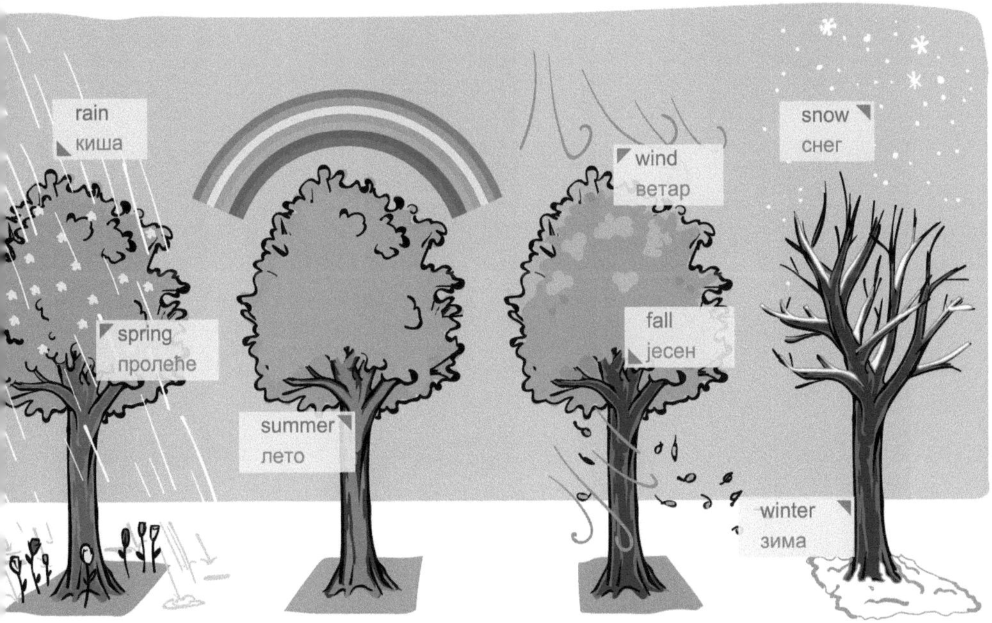

rain
киша
spring
пролеће
summer
лето
wind
ветар
fall
јесен
snow
снег
winter
зима

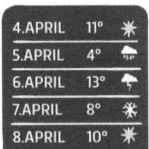

4.APRIL 11°
5.APRIL 4°
6.APRIL 13°
7.APRIL 8°
8.APRIL 10°

weather forecast

етеоролошка прогноза

F C
120 40
90 30
60 20
30 10
0 0
-30 -10
-20

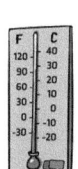

thermometer

термометар

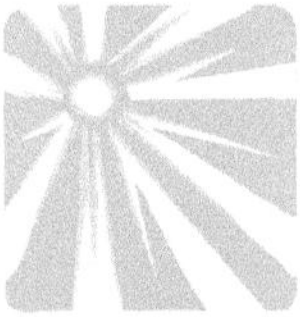

sunshine

сунчана светлост

cloud

облак

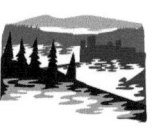

fog

магла

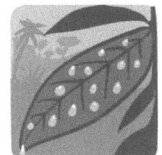

humidity

влажност ваздуха

lightning

муња

thunder

грмљавина

storm

олуја

hail

туча

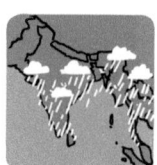

monsoon

монсун

flood

поплава

ice

лед

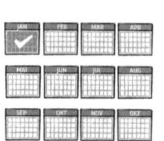

January

јануар

February

фебруар

March

март

April

април

May

мај

June

јуни

July

јули

August

август

year - година

September

септембар

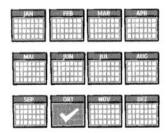

October

октобар

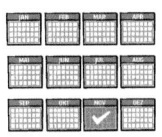

November

новембар

December

децембар

shapes
облици

circle

круг

square

квадрат

rectangle

правоугао

triangle

троугао

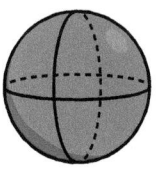

sphere

кугла

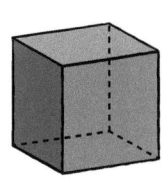

cube

коцка

white

бела

yellow

жута

orange

наранџаста

pink

ружичаста

red

црвена

purple

љубичаста

blue

плава

green

зелена

brown

смеђа

gray

сива

black

црна

a lot / a little

много / мало

angry / calm

љутито / мирно

beautiful / ugly

лепо / ружно

beginning / end

почетак / крај

big / small

велико / малено

bright / dark

светло / тамно

brother / sister

брат / сестра

clean / dirty

чисто / прљаво

complete / incomplete

потпуно / непотпуно

day / night

дан / ноћ

dead / alive

мртво / живо

wide / narrow

широко / уско

edible / inedible

јестиво / нејестиво

evil / kind

зло / добро

excited / bored

узбуђено / досадно

fat / thin

дебело / мршаво

first / last

на почетку / на крају

friend / enemy

пријатељ / непријатељ

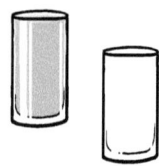

full / empty

пуно / празно

hard / soft

тврдо / мекано

heavy / light

тешко / лагано

hunger / thirst

глад / жеђ

ill / healthy

болесно / здраво

illegal / legal

илегално / легално

intelligent / stupid

паметно / глупо

left / right

лево / десно

near / far

близу / далеко

opposites - супротности

new / used
ново / половно

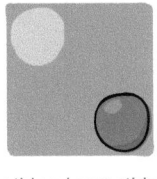

nothing / something
ништа / нешто

old / young
старо / младо

on / off
кључено / искључено

open / closed
отворено / затворено

quiet / loud
тихо / гласно

rich / poor
богато / сиромашно

right / wrong
тачно / погрешно

rough / smooth
храпаво / глатко

sad / happy
тужно / сретно

short / long
кратко / дуго

slow / fast
полако / брзо

wet / dry
мокро / сухо

warm / cool
топло / хладно

war / peace
рат / мир

0

zero

нула

1

one

један

2

two

два

3

three

три

4

four

четири

5

five

пет

6

six

шест

7

seven

седам

8

eight

осам

9

nine

девет

10

ten

десет

11

eleven

једанаест

12

twelve

дванаест

13

thirteen

тринаест

14

fourteen

четрнаест

15

fifteen

петнаест

16

sixteen

шестнаест

17

seventeen

седамнаест

18

eighteen

осамнаест

19

nineteen

деветнаест

20

twenty

двадесет

100

hundred

стотину

1.000

thousand

хиљаду

1.000.000

million

милион

English
....

енглески

American English
....

амерички енглески

Chinese Mandarin
....

мандарински кинески

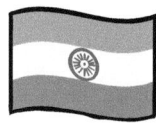

Hindi
....

хиндски

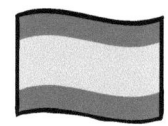

Spanish
....

шпански

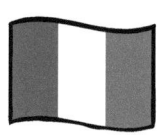

French
....

француски

Arabic
....

арапски

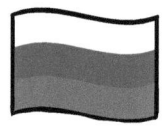

Russian
....

руски

Portuguese
....

португалски

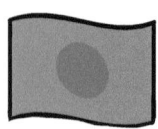

Bengali
....

бенгалски

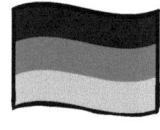

German
....

немачки

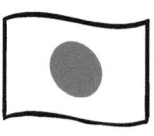

Japanese
....

јапански

I

ja

you

ти

he / she / it

он / она / оно

we

ми

you

ви

they

они

who?

Ко?

what?

Шта?

how?

Како?

where?

Где?

when?

Када?

name

име

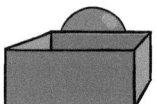

behind

иза

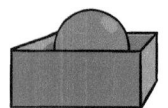

in

у

in front of

испред

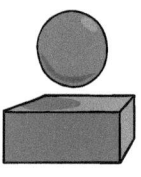

over

преко

on

на

under

испод

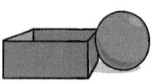

beside

поред

between

између

place

место